I0403852

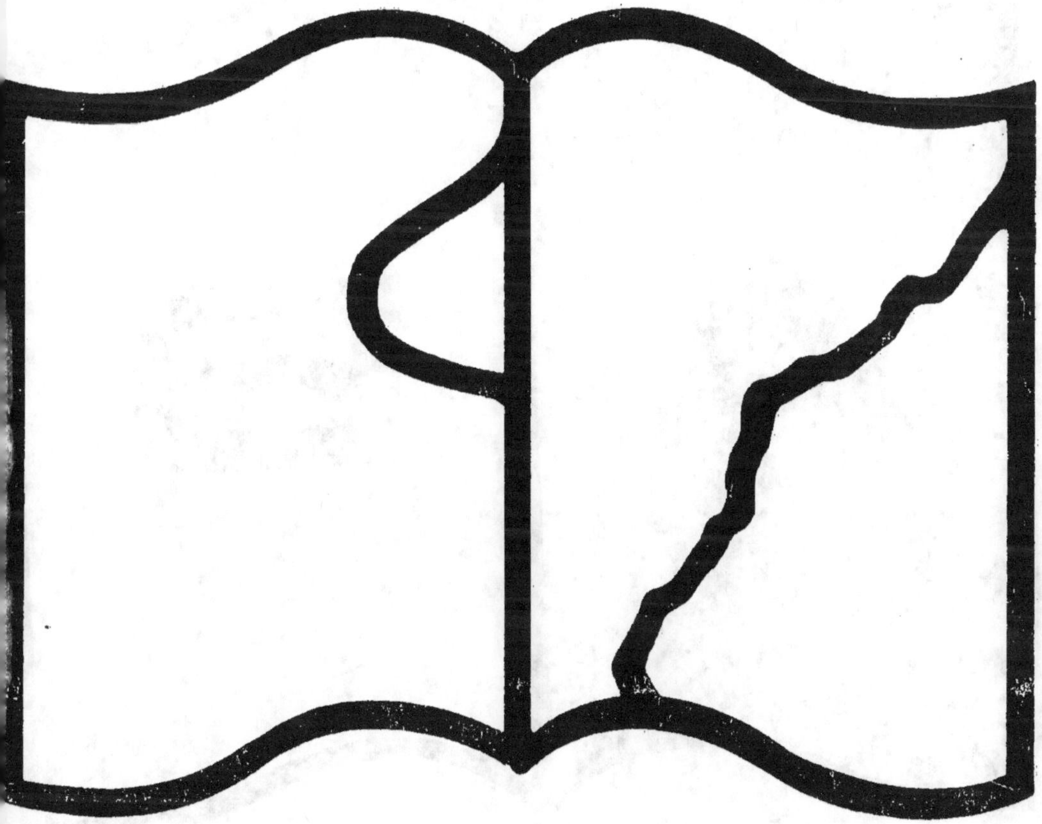

Texte détérioré — reliure défectueuse

NF Z 43-120-11

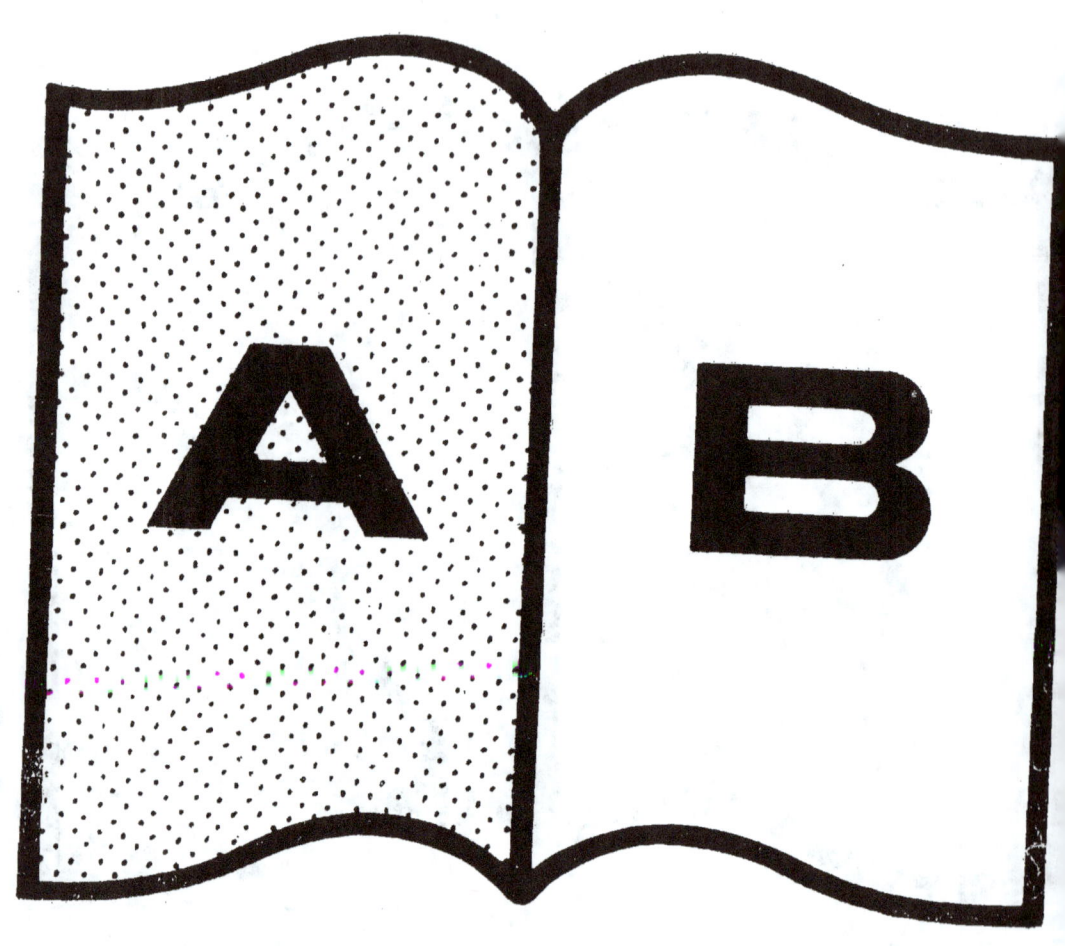

Contraste insuffisant

NF Z 43-120-14

8° V
9288

ENCYCLOPÉDIE-RORET

CHARPENTIER

ATLAS

PARIS

LIBRAIRIE ENCYCLOPÉDIQUE DE RORET

RUE HAUTEFEUILLE, 12

ENCYCLOPÉDIE-RORET

CHARPENTIER

BAR-SUR-SEINE. — IMP. SAILLARD.

MANUELS-RORET

NOUVEAU MANUEL COMPLET

DU

CHARPENTIER

OU

TRAITÉ ÉLÉMENTAIRE ET PRATIQUE
DE CET ART

ATLAS

PARIS

LIBRAIRIE ENCYCLOPÉDIQUE DE RORET

RUE HAUTEFEUILLE, 12.

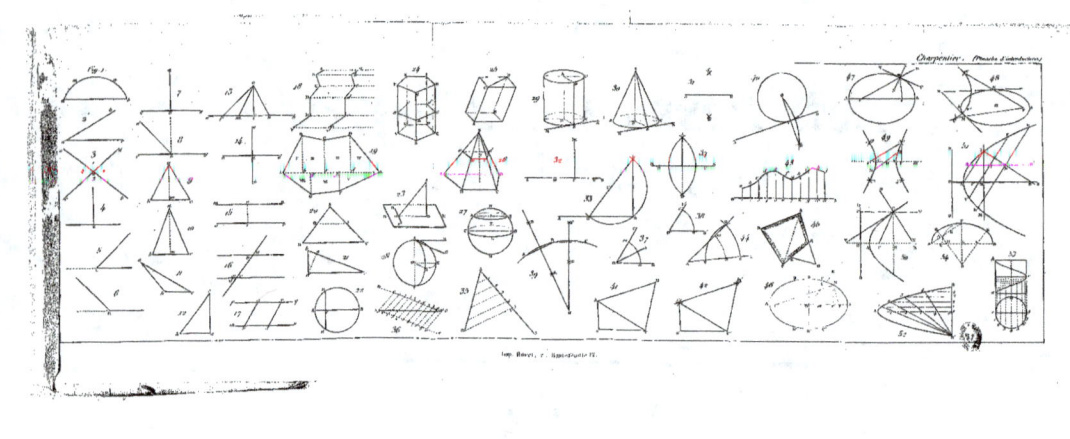

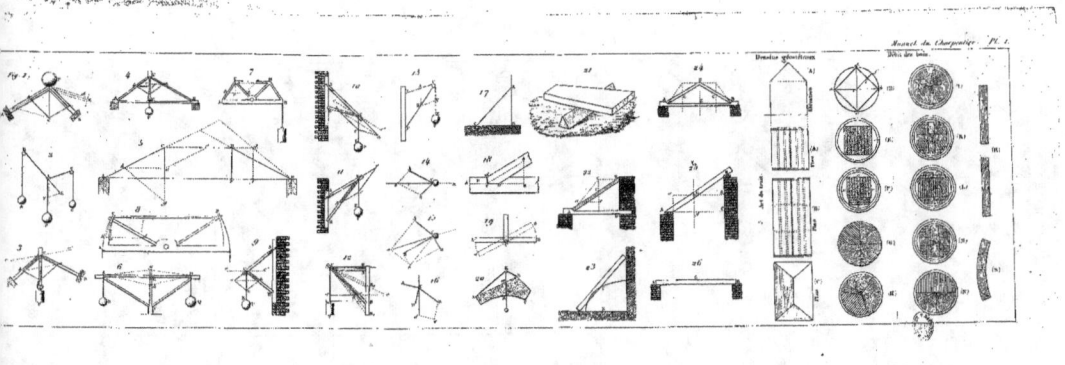

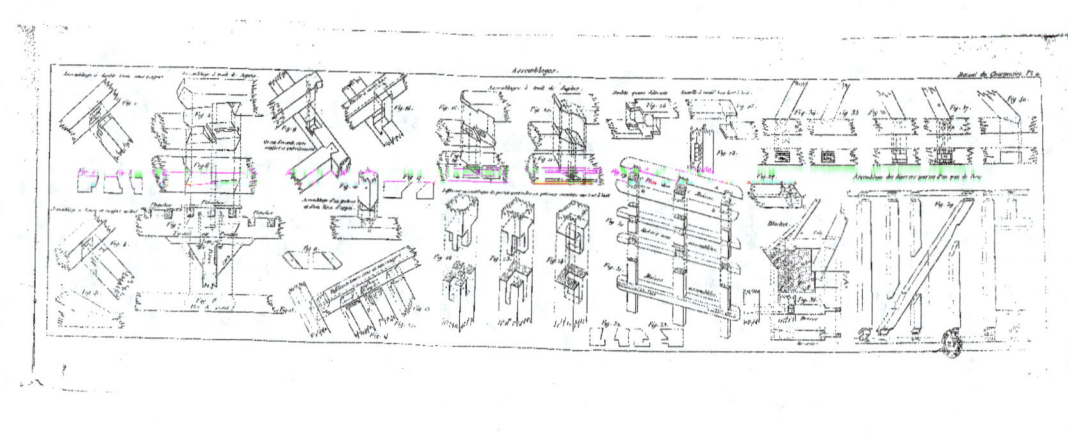

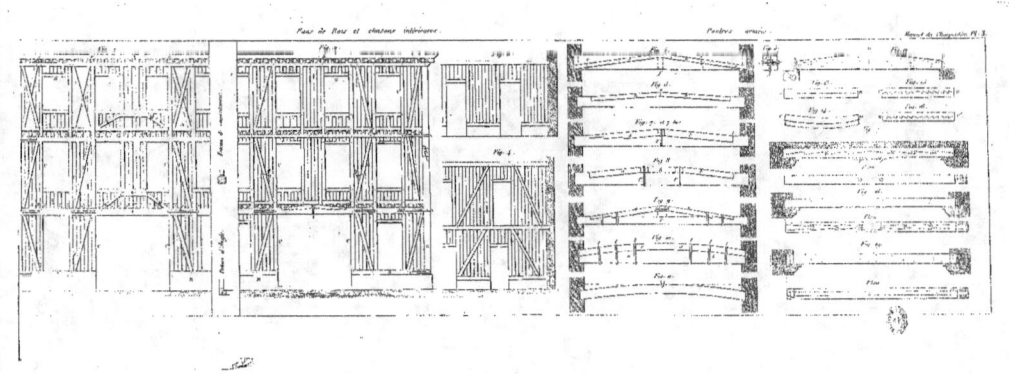

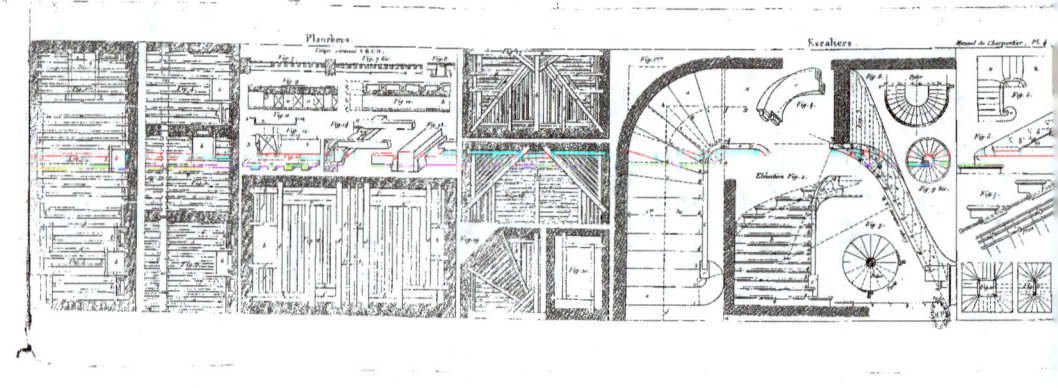

Planchers.

Escaliers.

Manuel du Charpentier. Pl. 4.

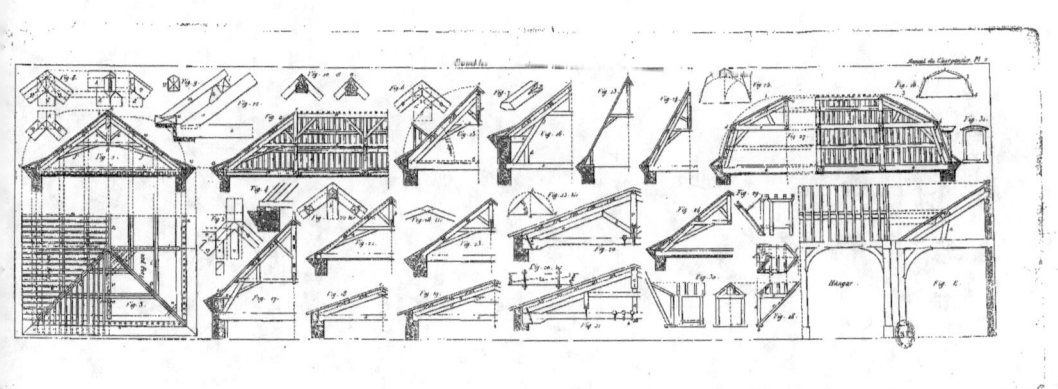

Croupe droite

Croupe biaise .

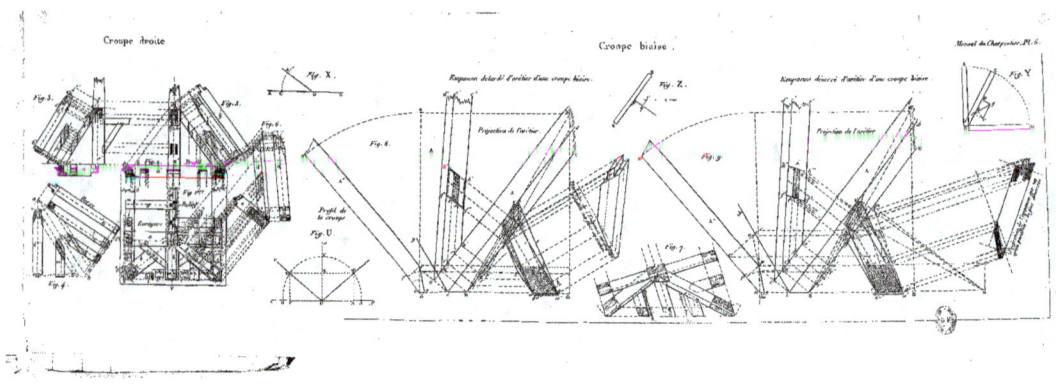

Fig. X .

Fig. Z .

Fig. Y .

Raccourci du derbier d'une croupe biaise .

Raccourcis dévasé d'arrière d'une croupe biaise .

Projection de l'arrière .

Projection de l'arrière .

Fig. 8 .

Fig. 9 .

Fig. 7 .

Profil de la croupe .

Fig. U .

Fig. 1 .

Fig. 5 .

Fig. 6 .

Fig. 4 .

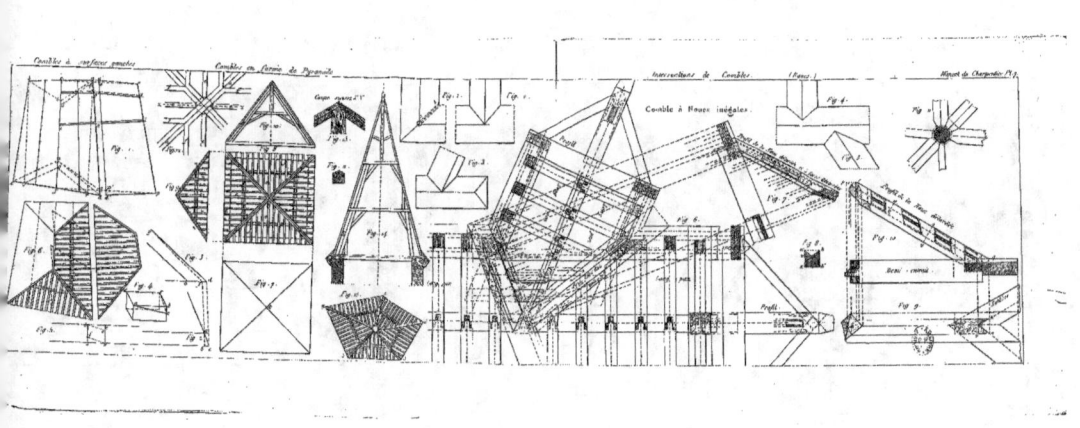

Combles à surfaces gauches.   Combles en forme de Pyramide.   Intersections de Combles.   (Planc.)   Report de Charpentier N°3.

Coupe suivant C.D.

Comble à Noues inégales.

Profil de la Noue détournée

Profil

Demi entrait

Fig. 1.
Fig. 2.
Fig. 3.
Fig. 4.
Fig. 5.
Fig. 6.
Fig. 7.
Fig. 8.
Fig. 9.
Fig. 10.

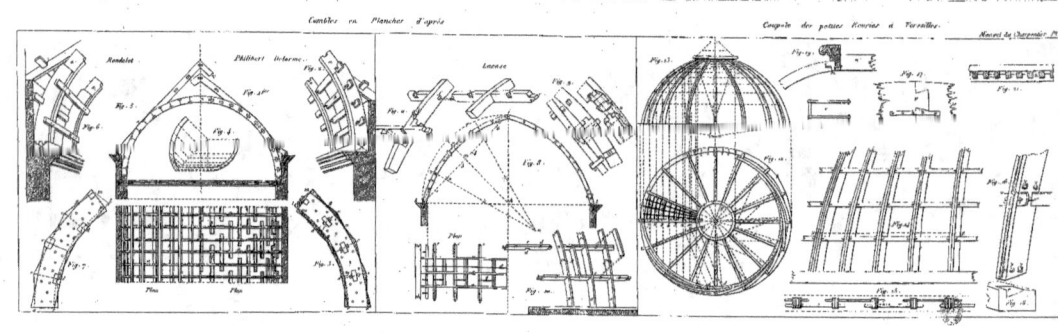

Rondelet.   Philibert Delorme.   Lemerre.

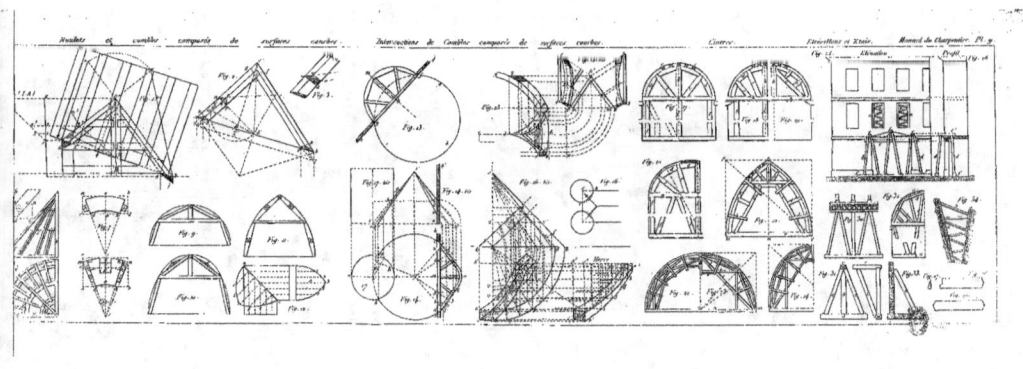

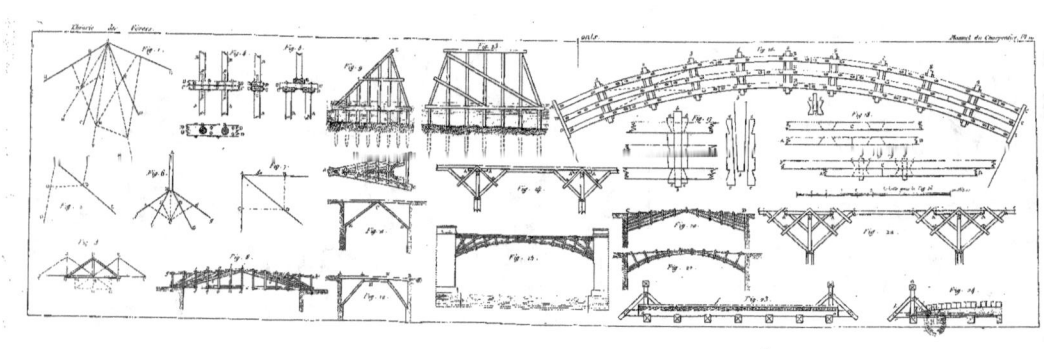

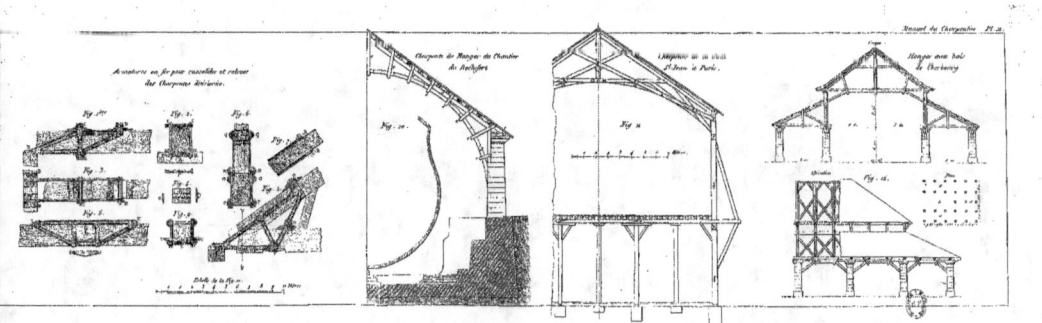

Armatures en fer pour consolider et relever
des Charpentes avariées.

Charpente du Hangar du Chantier
de Rochefort.

Charpente de la salle
St-Jean à Paris.

Hangar avec bois
de Charennay.

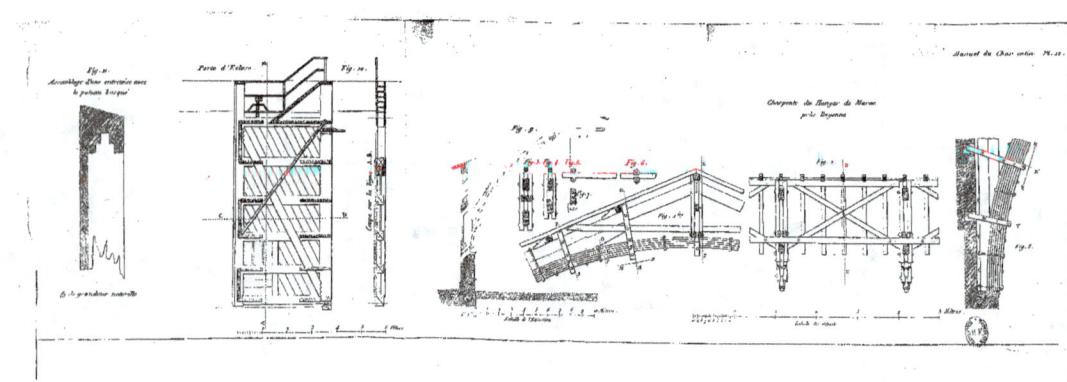

Fig. 11.
Assemblage d'une entretoise avec
le poteau d'angle

de la grandeur naturelle

Porte d'Écluse   Fig. 10.

Charpente du Barrage de Marne
par le Bajonne

Fig. 9.   Fig. 1.   Fig. 4.

Fig. 14.

Fig. 2.

Détail de l'Écriture

Échelle de relevé

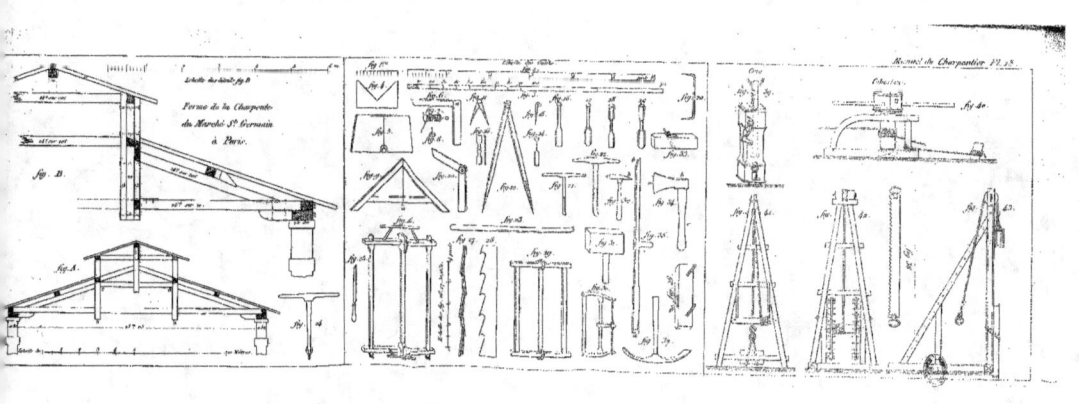

Ferme de la Charpente
du Marché St Germain
à Paris.

fig. B.

fig. A.

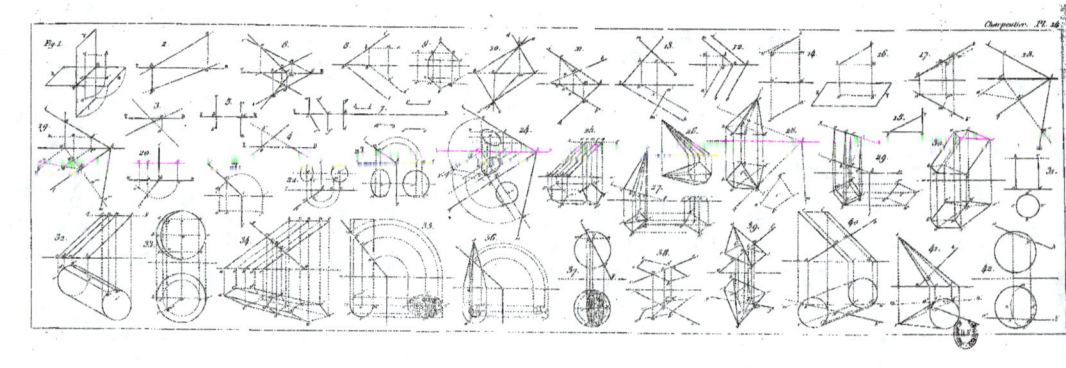

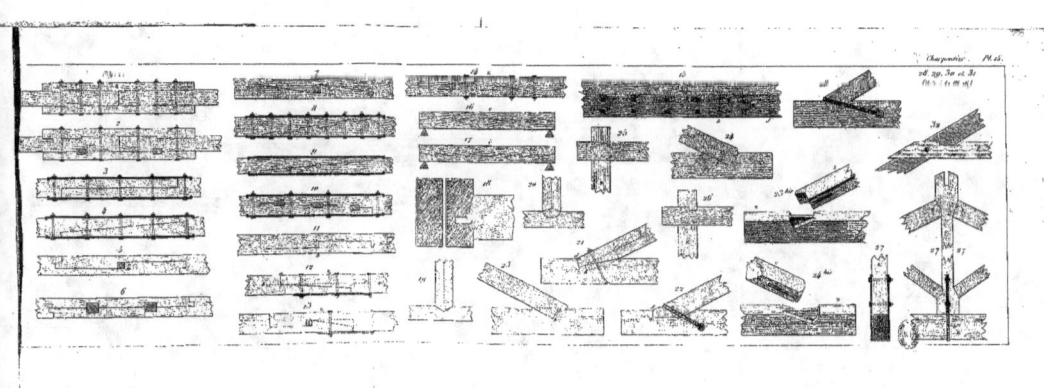

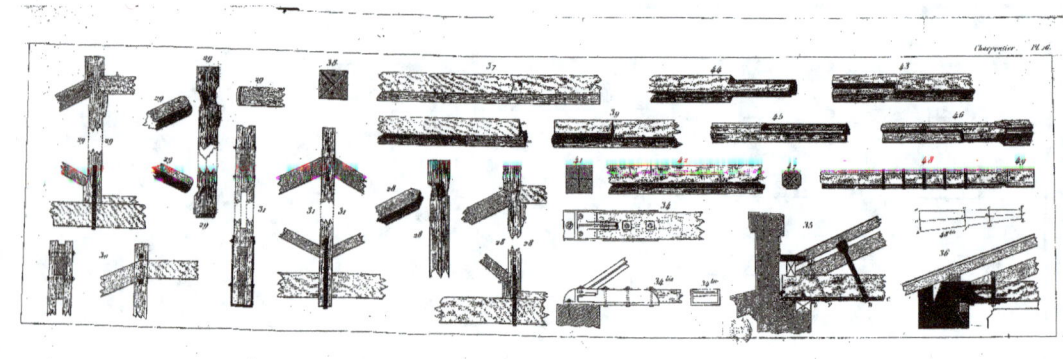

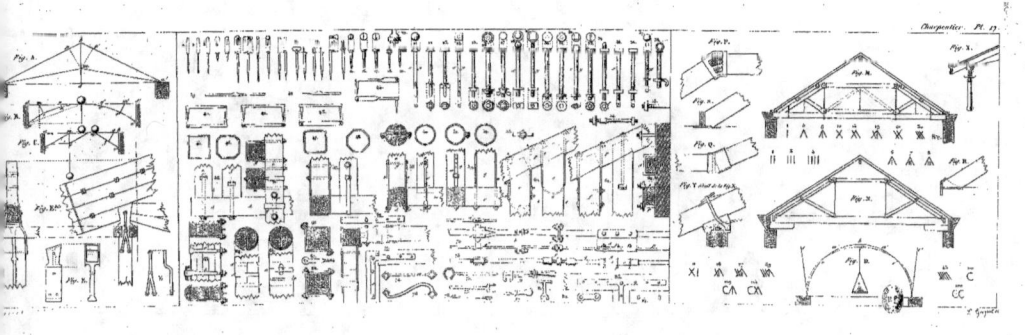

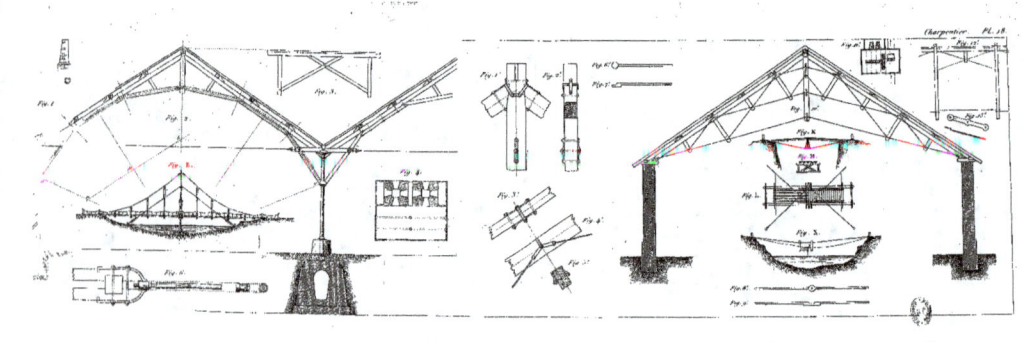

Charpentier. Pl. 18.

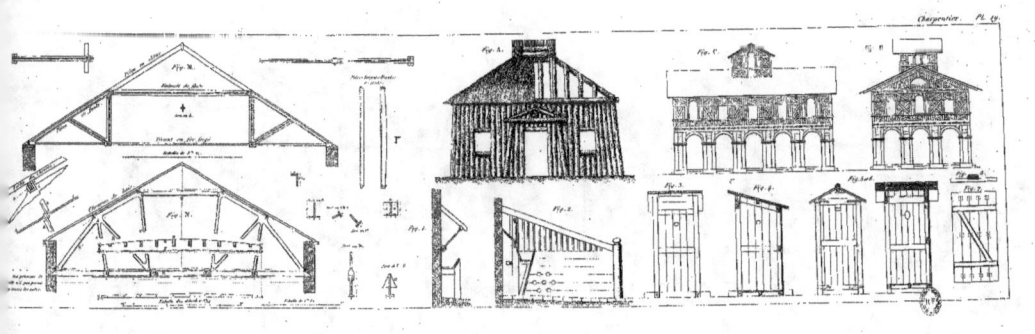

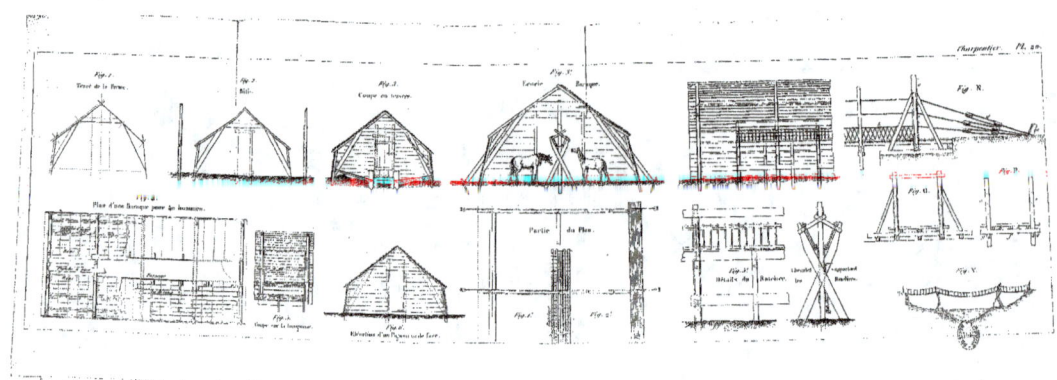

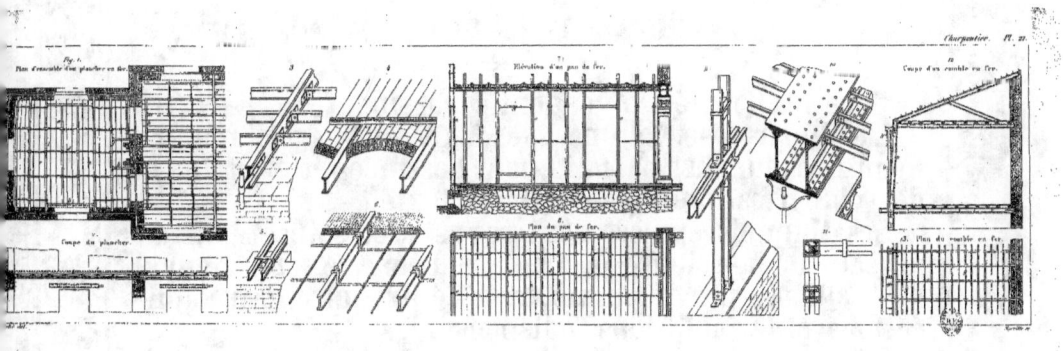

Fig. 1.
Plan d'ensemble d'un plancher en fer.

Coupe du plancher.

Élévation d'un pan de fer.

Plan du pan de fer.

Coupe d'un comble en fer.

Plan du comble en fer.

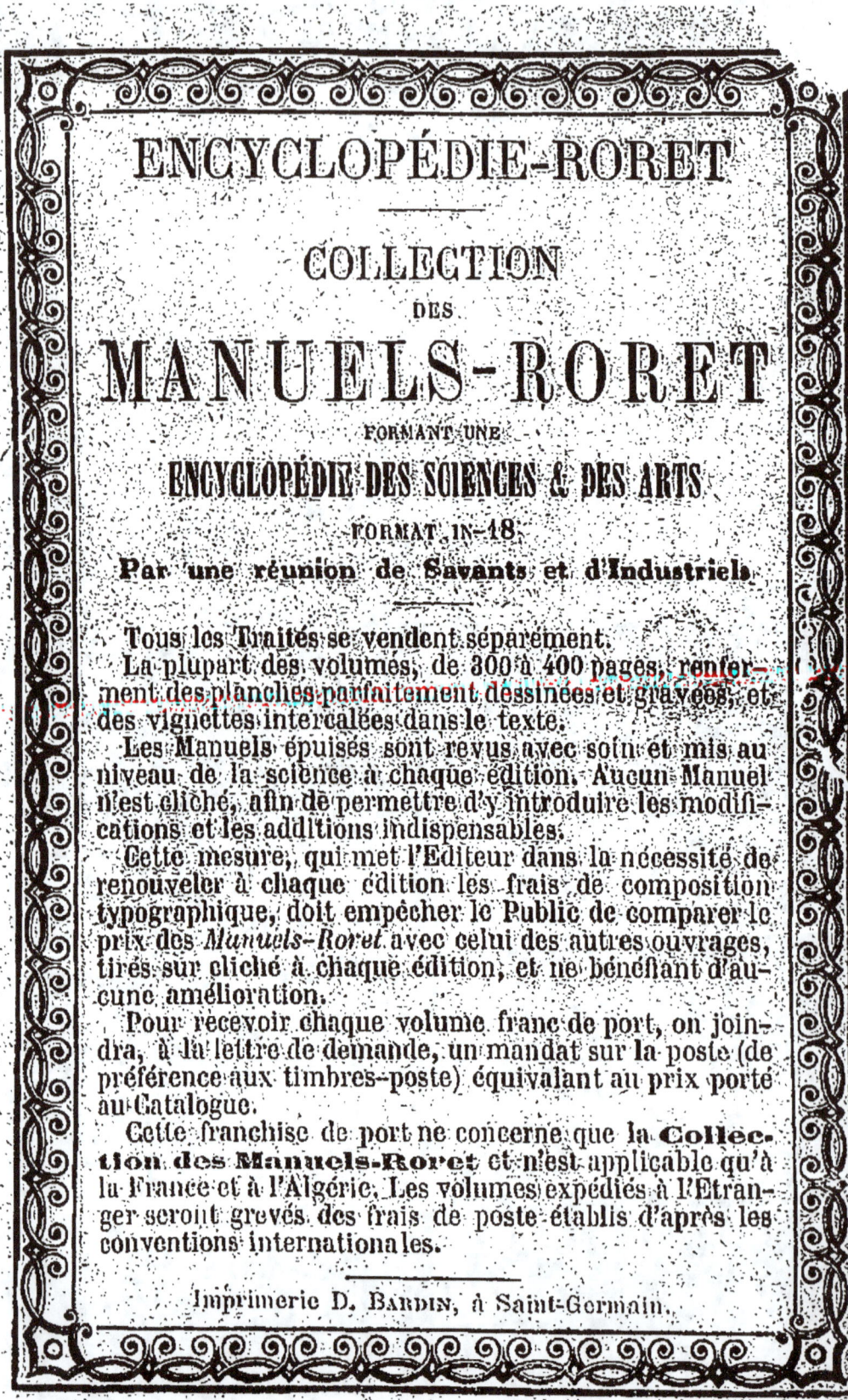

ENCYCLOPÉDIE-RORET

COLLECTION

DES

MANUELS-RORET

FORMANT UNE

ENCYCLOPÉDIE DES SCIENCES & DES ARTS

FORMAT IN-18

Par une réunion de Savants et d'Industriels

Tous les Traités se vendent séparément.

La plupart des volumes, de 300 à 400 pages, renferment des planches parfaitement dessinées et gravées, et des vignettes intercalées dans le texte.

Les Manuels épuisés sont revus avec soin et mis au niveau de la science à chaque édition. Aucun Manuel n'est cliché, afin de permettre d'y introduire les modifications et les additions indispensables.

Cette mesure, qui met l'Éditeur dans la nécessité de renouveler à chaque édition les frais de composition typographique, doit empêcher le Public de comparer le prix des *Manuels-Roret* avec celui des autres ouvrages, tirés sur cliché à chaque édition, et ne bénéfiant d'aucune amélioration.

Pour recevoir chaque volume franc de port, on joindra, à la lettre de demande, un mandat sur la poste (de préférence aux timbres-poste) équivalant au prix porté au Catalogue.

Cette franchise de port ne concerne que la **Collection des Manuels-Roret** et n'est applicable qu'à la France et à l'Algérie. Les volumes expédiés à l'Étranger seront grevés des frais de poste établis d'après les conventions internationales.

Imprimerie D. Bardin, à Saint-Germain.

www.ingramcontent.com/pod-product-compliance
Lightning Source LLC
Chambersburg PA
CBHW030125230526
45469CB00005B/1810